The Hispanic Economics English/Spanish Dictionary of

Legal & Law

Words, Phrases and Terms

The Hispanic Economics English/Spanish Dictionary of

Legal & Law

Words, Phrases and Terms

Edited by
Louis E.V. Nevaer

Staff Editors
Hector Ortega, Carlos Santiago, Anne Petri, Milton C. Munn, Margarita Childress

Published by
Hispanic Economics, New York

Copyright © 2013 by Hispanic Economics, Inc.

Manufactured in the United States of America. All rights reserved. No part of this book may be reproduced in any form or by any means, electronic or mechanical, including photocopying, recording, or by information storage and retrieval systems—except by a reviewer who may quote brief passages in a review to be printed in a magazine, newspaper or on the Web—without permission in writing from the publisher.

Although the editors and publisher have made every good faith effort to ensure the accuracy and completeness of information contained in this book, we assume no responsibility for errors, inaccuracies, omissions or inconsistencies herein. This book is presented solely for educational and entertainment purposes. The advice offered is provided for educational purposes and it is not offered as legal, accounting, or other professional services advice. The opinions expressed are solely those of the author and do not necessarily reflect the opinions of the publisher, its employees or affiliates.

This book is published by Hispanic Economics, Inc., and expresses solely the personal opinions, conclusions and recommendations of the authors and editors. No liability is assumed for damages resulting from the use of information contained herein.

First printing 2013 - Publication date: November 2013.

ATTENTION CORPORATIONS, UNIVERSITIES, COLLEGES, AND PROFESSIONAL AND CHARITABLE ORGANIZATIONS: Quantity discounts are available on bulk purchases of this book for educational and gift purposes, or as premiums in fundraising efforts. Inquiries should be sent to *info@hispaniceconomics.com*.

Hispanic Economics, Inc.
P.O. Box 140681
Coral Gables, FL 33114-0681
info@hispaniceconomics.com
HispanicEconomics.com
ISBN 978-1-939879-10-3

Cover and Interior Design by John Clifton
john@johnclifton.net

Preface

"A rose by any other name would smell as sweet," Shakespeare points out in a famous soliloquy.

True, but words, and how they are used, retain their power to say as much about the speaker as what the speaker says about a subject.

Words do have power, and words do convey a sense of who you are and speak of your intelligence, education, and authority. Use a wrong word, and people will think differently of you. Use a word correctly, and the esteem in which they hold you increases. Use a phrase with confidence and authority, and a sense of trust is established.

In the United States, Hispanic professionals who identify themselves as Latinos have to master a difficult balance: Displaying a command of business English while being expected to, on a moment's notice, convey the same message in business Spanish.

There's no point in trying to deny the obvious: The United States of America is now a bilingual consumer economy.

"Oprima 2 para español" is part of the nation's business language.

you may hate it, or you may love it. It makes no difference: It is here to stay.

Call it a "rose," or call it a "rosa" if you prefer. It smells as sweet. Call it "success," or call it "éxito" if you prefer. It feels as good.

In the quarter century that I have been working in the Hispanic and Latin American business world, I have often seen how many bright and earnest U.S. Latinos fail. And they fail to succeed not because they are incompetent or ill-prepared. They fail because they cannot speak proper business Spanish. Others may not say anything directly to them, but they make judgments: "If this person doesn't know the difference between 'success' and 'éxito,' what else doesn't this person know?"

At the same time, if you are unsure of how to say "budget" in Spanish, or "worldwide web," or even a simple expression, such as "to whom it may concern," it comes across in your lack of self-confidence and the unsure manner of your presentation—in the hesitation, the sweaty palm, the nervous enunciation and uncomfortable body language.

Fortunately, there is a cure for this malady: *Empowerment through knowledge.* The words and phrases in this book will allow you to communicate clearly and authoritatively with Spanish-dominant customers.

Whether you work in banking, finance, or investments, these are the correct Spanish-language words, phrases, and terms that correctly convey the meaning of this industry's vocabulary.

This is the vocabulary of success in business.

Learn these words and phrases. Practice using these words and phrases. In short order they will become part of your vocabulary, and others will see that you are fluent in business Spanish and can speak with the assurance that conveys leadership and success. Trust me when I tell you that if you read through this book and learn these words and phrases, you will be able to take your career to the next level and reach your full career potential.

Even with that promise, I recognize that it's tedious to read through a glossary of words and phrases. So let us make a deal. If you read through this, you will be rewarded with two examples of precisely how difficult it is to navigate Spanish in an English-speaking country. The first is an "Aha!" example that focuses on one of the largest and most successful newspapers that consistently gets Spanish wrong. It will demonstrate how difficult it is for those living in the United States to understand—and use—proper Spanish. The other is even more satisfying: It is an example of how virtually everyone in the Spanish-speaking world is oblivious to an *anglicismo* that enjoys widespread misuse, even

PREFACE

among people who live and work in Latin America and Spain. This second example will afford you the opportunity to correct someone, in a very gentle way, not only to impress them but also to point out how easily one can fall into the trap of thinking that a specific usage is correct simply because it appears to be correct.

This book is primarily intended for U.S.-born Latinos who are English-dominant. It is also a useful refresher for non-Hispanic Americans who learned Spanish in school, or who want to refresh their business Spanish vocabulary and usage.

The Rolling Stones once wrote a song about the inability to get some satisfaction. If you commit these words and phrases to heart, you will position yourself to move forward and get some satisfaction as you move ahead in your career and life.

Adelante, adelante, adelante.

Louis E.V. Nevaer
Mérida, Yucatán

Introduction

By Rose Guilbault

One of the great challenges Latinos face in advancing their careers is the tendency to lose fluency in Spanish. It's only natural: We live and work in the United States, surrounded by English constantly.

When I was growing up there was also the pressure to "acculturate" and to "integrate" into the mainstream of English-dominant American life. "If you want to succeed, you will have to master English," was the message that was drilled over and over again. Then there was the rejoinder: "Every other immigrant group got ahead by becoming fluent in English!"

That was then, and this is now. The truth is that the reason every other immigrant group got ahead by becoming fluent in English is that they migrated in numbers so small, they did not—and could not—change the "linguistic" balance in the United States.

Spanish changed that! There's no doubt that Spanish is spoken so widely throughout the United States that we have reached the linguistic "tipping point."

To get ahead, it's imperative to be fluent in both business English and business Spanish.

That's easier said than done. I remember being in a business meeting in Mexico, and I simply could not recall the word for "budget" in Spanish. I knew it, but the word "presupuesto" just escaped me. It was embarrassing, and I managed, but it made me understand the importance of having the right vocabulary and phraseology when it comes to business Spanish.

INTRODUCTION

That is what makes this remarkable book indispensable. It brings together the words and phrases that are necessary in business Spanish as it is conducted in the United States today.

Whether you call yourself Hispanic or Latino, if you are living and working in the United States, you need to be fluent in business Spanish. Consider a few statistics:

- *You are more competitive*. Whether it is Starbucks or IBM, candidates who are fluent in Spanish have the advantage. "Fluent" jumps out on a résumé, and makes recruiters take notice. CareerBuilders reports that 88% of employers are enthusiastic about multilingual candidates.
- *You get faster promotions*. The higher you go up the corporate ladder, the more managers and executives you find who are multilingual. Korn/Ferry International noted that 31% of executives speak a language other than English, and being fluent in business Spanish is the #1 language of choice.
- *You earn more money*. Employees who are bilingual make more money. The Census Bureau reports that Americans who are fluent in another language average 4-6% more, depending the industry in which they work. This is true whether you are in the medical profession, or work for an airline. In some industries, such as banking and law, there is a premium paid if you master business Spanish—and financial or legal terms.
- *You have more career choices*. The world may not be your oyster, but you certainly will be more valuable to employers throughout the United States. It also makes you "international" material, meaning you can advance more rapidly at companies that have operations in Latin America, or have strong business with Latin America.

It is simply a win-win situation, and this little book, which is written in a very approachable manner, with confidence, clarity and wit, is the first step in becoming fluent in business Spanish—or in brushing up on your business Spanish vocabulary.

I'm delighted Louis produced this book, and I'm as delighted that it is available to English-dominant Latinos in the United States.

San Francisco, California

Disclaimer:

The following compilation of words, phrases, and terms are most commonly used in the banking and finance industry in the U.S. While every good faith effort has been made to ensure accuracy, no warranties are made by either the editor or publisher. The Spanish-language translations are provided for educational and informational purposes and do not constitute legal advice or translation services. Any errors, corrections, or omissions will be included in future editions of this book

Legal & Law

Words, Phrases, and Terms

English/Spanish

A

Abandonment, Abandono, deserción

Abbreviation, Abreviación

Abduction, Secuestro

Ability, Capacidad

Ability to pay, Capacidad para pagar

Abolish, Abolir

Abortion, Aborto inducido

Absent parents, Padres ausentes

Abuse of authority or power, Abuso de poder

Accessory, Accesorio, cómplice

Accessory after the fact, Encubridor

Accessory before the fact, Cómplice instigador

Accident, Accidente

A

Accomplice, Cómplice

According to law, Conforme a la ley

Account balance, Saldo de una cuenta

Account number, Número de cuenta

Accountant, Contador

Accredited school, Escuela acreditada

Accrued benefits, Beneficios acumulados

Accusation, Acusación

Accuse, Acusar

Accused – defendant, Acusado

Acknowledge, Reconocer

Acquit, Absolver

Acquittal, Absolución

Ad litem, Ad litem, para el proceso

Addendum, Addenda, adiciones, añadiduras

Adjourn, Levantar (la sesión)

Adjudged, ordered and decreed, Adjudicar

Adjudication, Adjudicación, fallo

Adjustment, Ajuste

Adjustment of status, Cambio de condición, ajuste de estatus

A

Administrative law judge, Juez de ley administrativa, juez de derecho administrativo

Admissible, Admisible

Admission – confession, Admission de culpabilidad, confesión

Alias, Alias, nombre supuesto

Admonish, Admonición, advertencia, el aviso

Adopted child, Hijo adoptivo

Adoption, Adopción

Adult education, Educación para adultos

Adult protective services, Servicios de protección de adultos

Adultery, Adulterio

Adulthood, Edad adulta

Advance filing, Reclamación por adelantado

Advance medical directive, Instrucciones médicas anticipadas o adelantadas

Advance notice, Intimación por adelantado

Advance payment, Pago adelantado

Adverse claim, Reclamación adversa

Adverse party or opposing party, Parte adversa

Advertisement, Anuncio, aviso

Advice, Consejo

A

Advise, Aconsejar

Advisement of rights, Informar a alguien sobre sus derechos

Affidavit, Affidavit, declaración jurada

Affidavit of prejudice, Declaración de prejucio

Affidavit of support, Declaración jurada de manutención (o sustento)

Affirmative action, Programa diseñado para remediar práticas discriminatorias

Affirmative defense, Defensa afirmativa

Age, Edad

Aged, blind or disabled, Anciano, ciego, o discapacitado

Agent, Agente, representante

Aggravated assault, Agresión agravada

Aggravating circumstances, Circunstancias agravantes

Aggressor, Agresor

Agreement, Acuerdo, convenio

Agricultural labor, Trabajo agrícola

Aid, Asistir, ayudar, auxiliar

Aid and abet, Instigar y ayudar a cometer un delito

Alcoholic, Alcohólico

Alibi, Coartada

A

Alien, Extranjero

Alien lawfully admitted, Extranjero legalmente admitido

Application fee, Cargo de solicitud

Alien registration card, Tarjeta de registro de extranjero, tarjeta de residencia

Alien smuggler, Coyote

Alien status, Estado legal de extranjero

Alimony, Pensión alimenticia del cónyuge divorciado

Allegation, Alegación, alegato

Allege, Alegar

Allotment, Asignación, repartición, porción

Altercation, Disputa

Alternative dispute resolution, Procedimientos para resolver disputas sin litigio

Ambassador, Embajador

Ambulance, Ambulancia

Amend, Enmendar

Amended birth certifícate, Acta de nacimiento enmendada

Amendment, Enmienda

Amnesty, Amnestía

Amortization, Amortización

A

Amount of money, Importe de dinero

Amount owed, El saldo debido

Amputation, Amputación

Anger management class, Programa para enseñar como controlar el enojo

Annotation, Anotación, comentario

Annual income, Ingreso anual

Annual leave, Licencia anual

Annual Percentage Rate (APR), La tasa anual de porcentaje

Annuitant, Pensionista

Annuity, Pensión vitalicia, anualidad

Annulment, Anulación

Anonymous, Anónimo

Answer – to a charge, Contestación de la demanda, respuesta

Appeal – noun, Apelación

Appeal – verb, Apelar

Appeal bond, Fianza de apelación

Appeal rights, Derechos de apelar

Appeals council, Consejero de apelaciones

Appearance, Comparencencia, presencia

A

Appellant, Apelante

Applicant, Solicitante

Application, Solicitud

Application form, Formulario de solicitud

Apply, Solicitar, pedir

Appoint a representative, Nombrar un agente

Appointment – for a meeting, Una cita

Appointment – to a position, Designación, nombramiento

Appointment date, Fecha de entrevista

Appraisal – valuation, Valoración

Apprentice, Aprendiz

Approval, Aprobación, consentimiento

Approximate, Aproximado

Aptitude test, Examen de capacidades

Arbitrary, Arbitraria

Arbitrary arrest, Arbitrariamente detenido

Arbitration, Arbitraje

Arbitration clause, Cláusula arbitral

Area code, Código de area telefónica, zona telefónica

Argument – dispute, Disputa

Argument – legal argument, Argumento, razonamiento

A

Armed robbery, Robo a mano armada

Arraign, Leer la acusación

Arraignment, Acusación formal, instrucción de cargos, lectura de acusación

Arrears – behind in payments, Pagos atrasados, en mora

Arrest – noun, Arresto

Arrest – verb, Arrestar

Arrest warrant, Orden de arresto, mandamiento de arresto

Arson, Incendio intencional, delito de incendio

Article, Artículo

Assault, Agresión, asalto

Assault and battery, Asalto con agresión, agresión y maltrato

Assault warrant, Orden de arresto por agresión

Assault with a deadly weapon, Acometimiento a mano armada, asalto a mano armada

Assets, Bienes activos

Assign, Nombrar, designar

Assignee, Beneficiario, cesionario

Assignor, Cedente, transferidor

Assistance, Asistencia, ayuda

Assistant, Asistente, ayudante, apoyante

A

Assistant manager, Gerente asistente

Assisted living facility, Establecimiento de convivencia asistida

Association, Asociación, alianza, organización

Asylum – refuge, Asilo

Asylum hearing, Audiencia de asilo

At will employment, Empleo a voluntad

Attached document, Documento adjunto

Attachment of property, Embargo de propiedad

Attainment of age, Cumplimiento de edad

Attention Deficit Disorder (ADD), Trastorno de deficiencia de la atención

Attest, Certificar

Attorney, Abogado, licenciado

Attorney-client privilege, Privilegio de comunicaciones entre abogado y cliente

Attorney fees, Honorarios del abogado

Attorney general, Procurador general, fiscal general

Attorney of record, Abogado que consta

Attorney-in-fact, Apoderado

Auction, Subasta

Audit, Auditoría

A

Auditor, Auditor

Authenticate, Autenticar

Authority, Autoridad

Authorization, Autorización

Authorize, Autorizar

Authorized agent, Agente autorizado

Authorized representative, Representante autorizado

Automatic deduction, Deducción automática

Automatic enrollment, Inscripción automática

Automatic entitlement, Derecho automático a ciertas prestaciones

Automatic increase, Aumento automático

Automatic recomputation, Recomputación automático

Automatic Teller Machine (ATM), Cajero automático

Automobile insurance, Seguro de automóvil

Autopsy, Autopsia

Availability of funds, Disponibilidad de fondos

Average, Promedio

Average yearly earning, Salario anual promedio

Award certificate, Certificado de adjudicación, certificado de beneficio

B

Baby sitter, Niñera

Bachelor's degree, Egresado, licenciatura

Back pay, Pago retroactivo

Back taxes, Impuestos atrasados

Background, Antecedente, historia

Bad check, Cheque sin fondos

Bad debt, Deuda incobrable, deuda que no se puede cobrar

Bad faith, Mala fe

Bail, Fianza

Bail bondsman, Fiador

Bail forfeiture, Confiscación de fianza

Bailiff, Guarda de sala

Balloon payment, Pago final mayor

Bank, Banco

Bank account, Cuenta bancaria, cuenta de banco

Bank statement, Estado de cuenta, informe bancario

Bankruptcy, Bancarrota, quiebra

Bankruptcy court, Tribunal de quiebra

Bankruptcy discharge, Rehabilitación en quiebra

B

Bankruptcy discharge hearing, Una audiencia de descarga de bancarrota

Bankruptcy petition, Petición de quiebra

Baptismal certifícate, Certificado de bautismo, registro bautismal

Bar association, Colegio de abogados

Battery, Agresión física

Beat – hit, Golpear

Become effective, Entrar en vigor

Behavior, Comportamiento

Bench – judge's position, Corte, tribunal, cuerpo de jueces

Bench warrant, Orden de arresto

Beneficiary, Beneficiario

Benefit amount, Cantidad de beneficio

Benefit estímate, Cálculo de beneficio

Benefit increase, Aumento de beneficio

Benefit payments, Pagos de beneficios

Benefit period, Período de beneficios

Bequest, Legado

Best evidence, Pruega directa

Best interest of the child, Mayor beneficio del menor

B

Beyond a reasonable doubt, Fuera de toda duda razonable

Bias, Prejuicio

bill – for goods or work, Factura, cuenta

Bill – for legislation, Propuesta de legislación

Bill of complaint, Escrito de agravios, escrito de demanda

Bill of particulars, Relación detallada de la materia de la demanda o contrademanda

Billing statement, Factura

Binding agreement, Convenio obligante

Biographic information, Información biográfica

Birth certifícate, Acta de nacimiento, certificado de nacimiento

Birth control, Prevención de embarazo, anticonceptivos

Bite, Mordida

Black market, Mercado negro

Blacklist, Discriminar contra miembros de una lista

Blackmail – noun, Chantaje

Blackmail – verb, Chantajear, extorsionar

Block – on claim form, Encasillado en un formulario

Blood transfusion, Transfusión de sangre

Board of directors, Junta de directores

B

Board of trustees, Junta de fidicomisarios

Boarding house, Casa de huéspedes, pensión

Bona-fide, Auténtico

Bond – custody release, Fianza

Bond – financial certificate, Bono

Bond reduction, Reducción de fianza

Bonus, Sobresueldo o bono

Bonus received at Christmas, Aguinaldo

Bookkeeper, Tenedor de libros, contador

Border – international, Frontera

Border patrol, Patrulla fronteriza

Borrower, Presatario

Braces – dental, Ganchos dentales

Branch office, Sucursal

Brandishing a weapon, Amenezar a alguien con un arma

Brawl, Pelea

Breach of contract, Incumplimiento de pacto

Break – from work, Recreo

Break up with someone, Cortar relaciones con alguien

Breakdown – of machine or car, Malfunción

Breaking and entering, Escalamiento, allanamiento de morada

Breathalyzer, Alcoholímetro

Breathlessness, Falta de respiración

Bribe – noun, Soborno, cohecho

Bribe – verb, Sobornar, cohechar

Bribery, Cohecho

Brief – case summary, Informe

Brochure, Folleto

Broken bone, Hueso fracturado, hueso quebrado, hueso roto

Bronchitis, Bronquitis

Bruise, Magulladura, contusion, moretón

Budget, Presupuesto

Bully – noun, El matón, el valentón

Burden of proof, Carga de la prueba

Bureaucracy, Burocracia

Burglary, Robo

Burn – an injury, Quemadura

Burial – funeral, Sepultar, enterrar

Business – enterprise, Negocio

Business card, Tarjeta de negocios, tarjeta de presentación

B

Business hours, Horas de trabajo, horas laborables, horas de oficina, horas hábiles

Business school, Escuela de comercio, colegio de negocio

C

Calendar year, Año calendario

Cancellation, Cancelación

Cancelled check, Cheque cancelado

Cancer, Cáncer

Cane, Bastón

Capias, Orden de detención, orden de arresto

Capital punishment, Pena capital, pena de muerte

Car title, Título de automóvil

Cardiac arrest, Ataque de corazón, fallo cardíaco

Caretaker, Cuidador, protector

Carrier – Part B, Agencia de seguros de Medicare Parte B

Case, Caso, causa

Case dismissed, Causa desechada, caso desechado

Case law, Precedentes, jurisprudencia

Case number, Número del caso

Casefile, Expediente

Casefile – closed, Archivo

Case-load, Número de casos para resolver

Cash, Dinero en efectivo

C

Cash a check, Cobrar un cheque

Cash wages, Sueldo, salario, pago en efectivo

Cast – plaster, Enyesado

Catastrophic coverage, Protección contra catástrofe

Catastrophic illness, Enfermedad catastrófica

Cause of action, Derecho de acción

Caveat, Advertencia

Caveat emptor, Caveat emptor, que tenga cuidado el comprador, a riesgo del comprador

Cease and desist order, Orden para cesar alguna actividad

Census, Censo, empadronamiento

Cerebral palsy, Parálisis cerebral

Certificate, Certificado, la constancia

Certificate of deposit, Certificado de depósito

Certified, Certificado

Certified check, Cheque certificado

Certified copy, Copia certificada

Certified mail, Correo certificado

Certifying of payments, Certificación de pagos

Cessation of benefits, Terminación de prestaciones

Cessation of disability, Terminación de incapacidad

C

Chain of command, Cadena de mando

Chain of custody, Cadena de custodia

Challenge – noun, Reto

Challenge – verb, Recusar, objetar, retar

Challenge for cause, Recusación jusificada

Chambers, Despacho del juez

Change in living arrangements, Cambio de tipo de alojamiento

Change of payee, Cambio de representante

Change of residence, Cambio de residencia

Change of venue, Traslado de lugar de un juicio

Character – nature or disposition, Carácter

Charge – accusation, Denuncia, el cargo

Charge – accuse, Acusar

Charging document, La demanda

Charitable organization, Organización sin fines de lucro, organización caritativa, associación de beneficienia

Charter, Carta, contrato de fletamento

Cheat, Engañar, estafar

Check – money, Cheque

Check – to check, Comprobar, verificar

Check list, Lista de comprobación

C

Check stub, Talón de cheque

Checking account, Cuenta corriente

Chemotherapy, Quimoterapia

Child abuse, Abuso de menores

Child advocacy, Defensa al menor

Child care, Cuidado infantil

Child care expenses, Gastos de cuidado de menores

Child care services, Servicios de guardería

Child custody, Custodia de menores

Child in need of services, Menor en necesidad de servicios

Child in need of supervision, Menor en necesidad de supervisión

Child labor, Empleo de menores

Child molestation, Abuso sexual de menores

Child Protective Services (CPS), Servicios de protección de menores

Child support, Sostenimiento de menores, mantenimiento de los hijos

Child support order, Orden de manutención para hijos

Child support guidelines, Pautas para la manutención de los hijos

Childhood, Niñez

C

Childhood disability benefits, Beneficios de incapacidad en la niñez

Chiropractor, Quiropráctica

Choke – verb, Estrangular

Circuit court, Tribunal de circuito

Circumstances, Circunstancias

Circumstantial evidence, Evidencia circunstancial, prueba circunstancial

Citation – summons, Citación para presuntarse en la corte

Citation – quote of legal authority, Citación de autoridad legal

Citizen, Ciudadano

Citizenship, Cuidadanía

Civil action, Acción civil

Civil case, Caso civil

Civil code, Código civil

Civil disobedience, Desobediencia civil

Civil law, Ley civil

Civil rights, Derechos civiles

Civil status, Estado civil

Civil suit, Litigio civil

Claim – legal request, Reclamación, demanda

C

Claim for Medicare payment, Reclamación de pago de Medicare

Claim number, Número de reclamación

Claimant, Demandante, reclamante

Class action suit, Acción de clase

Classified advertisements, Avisos clasificados

Clause – in a legal document, Clásula

Clergyman, Clérigo

Clerk of the court, Secretario del tribunal, escribiente de la corte

Client, Cliente

Client evaluation, Evaluación de cliente

Clinical record, Archivo médico

Closing argument, Argumento final de un abogado

Closing statement, Declaración del cierre

Coalition, Coalición, federación

Co-defendant, Codemandado

Codicil – supplement to will, Codicilo, adición o cambio a un testamento

Coercion, Coerción

Cohabitation, Cohabitación

Colateral, Seguridad colateral

Colleague, Colega

Collection account, Cuenta de cobro

Collection agency, Agencia de cobros

Collective bargaining, Negociación colectiva

College degree, Egresado

Collision, Colisión

Confirm, Confirmar

Color – of skin, Color

Color of law, Apariencia legal, semejanza de derechos

Combination of impairments, Combinación de impedimentos

Comity of nations, Cortesía entre cortes de una jurisdicción con las de otra jurisdicción

Commission – authority, Encargo

Commission – money, Recargo

Commit – perpetrate an offense, Cometer

Commit suicide, Suicidio, suicidarse

Commitment to institution, Internación en una institución

Committee or commission, Comisión, junta

Common good, Para el bienestar general, bien común

Common-law marriage, Matrimonio de ley común

C

Community based organization, Organización comunitaria

Community outreach, Comunidad de rescate

Community property, Bienes comunales

Community service, Trabajo comunitario

Commutation of a sentence, Reducción de sentencia

Comp time, Tiempo libre en compensación por horas extras trabajadas

Company, Compañia, empresa

Compensation – for loss or injury, Compensación, indemnización

Complainant, Querellante, demandante

Complaint – legal, Demanda

Complete an application, Llenar una solicitud

Comply, Conformarse

Comply with, Cumplir con

Compound interest, Interés compuesto

Compromise – noun, Compromiso, arreglo

Compromise – verb, Comprometer

Concealed weapon, Arma encubierta

Concealment, Encubrimiento

Concerning, Concerniente a

Concordance of evidence, Concordancia de pruebas, armonía de pruebas

Concur, Concurrir

Concurrent authoritiy, Autoridad concurrente

Concurrent sentence, Sentencia concurrente

Concussion – type of head injury, Pérdida de conocimiento por golpe

Conference, Conferencia

Confess, Confesar

Confession, Confesión

Confidence game, Embaucamiento

Confidentiality, Confidencialidad

Confinement, Encerramiento

Confiscate, Confiscar

Conflict of interest, Conflicto de intereses

Conflict resolution, Resolución de conflictos

Congressman, Congresista, representatne al congreso

Conscientious objector, Objector de conciencia

Conscription – draft, Reclutamiento, conscripción

Consecutive interpretation, Interpretación consecutiva

Consecutive sentence, Sentencia consecutiva

Consent, Consentimiento, acuerdo

C

Consent order, Orden por consentimiento

Consent to judgment, Consentimiento a juicio

Conservator, Depositario jurídico

Conspiracy, Conspiración, complot

Constitution, Constitución

Constitutional amendment, Enmienda constitucional

Constitutional right, Derecho constitucional

Constructive discharge – from employment, Despido forzado

Constructive payment, Pago implícito

Consular officer – foreign service, Oficial consular

Consulate, Consulado

Consult, Consultar

Consultation fee, Honorario de consulta

Consulting physician, Médico consultor

Consumer, Consumidor

Consumer law, Ley de consumo

Contempt for human rights, Desprecio a los derechos humanos

Contempt of court, Desacato al tribunal

Contest – to dispute, Oponerse, disputar

Contested hearing, Audiencia contestada

Continuance, Continuación, aplazamiento

Continuance of eligibility, Continuación de elegibilidad

Continuing disability, Incapacidad continua

Contraceptive, Preservativo

Contract, Contrato, convenio

Contractor, Contratista

Contradict, Contradecir

Contribution, Contribución

Contributory negligence, Negligencia contribuyente, imprudenica concurrente

Convalescence, Convalencencia

Convict – noun, Convicto, presidiario

Convict – verb, Condenar, declarar culpable

Conviction, Convicción, condena

Coordinate, Coordinar

Co-owner, Co-propietario, condueño

Copy – noun, Copia, ejemplar

Copyright, Derechos de autor, propiedad intelectual

Coroner, Médico forense, médico pesquisador

Creditor, Acreedor

Corporal punishment, Castigo físico, pena corporal

Corporation, Corporación, person jurídica

C

Correspondence course, Curso de correspondencia

Corroborate, Corroborar

Corroborating evidence, Prueba corroborante

Corruption, corrupción

Co-signer – for a loan, Co-deudor

Co-sponsor, Copatrocinador

Cost of living, Costo de vida

Costs, Costos

Counsel – lawyer, Abogado

Counsel – verb, Aconsejar, avisar

Counsel of record, Abogado que consta

Counseling services, Servicios de consejo

Counselor, Consejero

Count – numbered, Cargos numerados

Countable resources, Recursos computables

Counter claim, Contrademanda

Counterfeiting, Falsificación

Country of origin, País de origen

Court, Tribunal, juzgado, corte

Court appointed attorney, Abogado asignado por el tribunal

Court clerk, Secretario del tribunal

C

Court costs, Costos judiciales

Court interpreter, Interprete de la corte, interprete del tribunal

Court order, Orden judicial

Court reporter, Relator del tribunal, taquígrafo del tribunal, escribiente del tribunal

court-martial   tribunal militar

Courtroom, Sala del tribunal

Coverage – insurance coverage, Cobertura

Co-worker, Compañero de trabajo, colega

Credibility, Credibilidad

Credit bureau, Agencia de reporte y clasificación de crédito

Credit card, Tarjeta de crédito

Credit card fraud, Fraude por tarjetas de crédito

Credit counseling service, Servicio de asesoría sobre crédito

Credit rating, Calificación de credito

Credit repair, Reparación de crédito

Credit report, Informe de crédito

Credit reporting agency, Agencia de informes de crédito

Credit union, Cooperative de crédito

Creditor's bill of equity, Lista de bienes del deudor

C

Cremation, Cremación

Crime, Crimen, delito

Criminal, Criminal, delincuente

Criminal case, Caso penal, caso criminal

Criminal charge, Cargo criminal

Criminal law, Leyes criminales

Criminal record, Archivos criminals, antecedents criminales

Crippled, Lisiado, tullido

Crisis counseling, Consejería en momentos de crisis

Criteria, Criterios

Cross-examination, Contrainterrogatorio

Current market value, Valor actual en el mercado

Currently insured, Actualmente asegurado

Custodial care, Cuidado custodial

Custodial parent, Padre con custodia

Custody – child custody, Custodia de un menor

Custody – of suspect or convict, Custodia de un sospechoso o condenado

Custody order – child cusdody, Orden de custodia

Customer service, Servicios al cliente

Customs – traditions, Costumbres, tradiciones

Customs officer, Oficial de aduana

D

Daily maintenance, Manutención diaria, mantenimiento diario

Damage, Daño

Damages – compensation, Compensar por daños y perjuicios

Danger, Peligro, riesgo

Date of birth, Fecha de nacimiento

Daughter-in-law, Hija política, nuera

Day laborer, Trabajador por día, jornalero

Daycare, Guardería infantil

De novo trial, Proceso de novo

Deadline, Límite de tiempo, fecha de vencimiento

Deadlock, Empate

Deaf, Sordo

Death certificate, Certificado de defunción, acta de defunción

Death penalty, Pena de muerte, pena capital

Debate, Debatir, discutir

Debt, Deuda

Debt collection, Cobranza de deudas

D

Debt consolidation, Consolidadción de deudas

Debt repayment, Amortización de deudas

Debtor, Deudor

Deceased, Difunto, muerto, fallecido

Deceive, Engañar, embaucar

Declaration, Declaración

Declaration of paternity, Declaración de paternidad

Declare under oath, Declarar bajo juramento

Decree, Decreto

Decree of divorce, Sentencia de divorcio

Deductible, Deducible

Deduction – from paycheck, Deducción

Deed – title to property, Escritura de propiedad, título de propiedad

Deed of trust, Escritura de fideicomiso

Deem, Atribuir

Defamation, Difamación, calumnia

Default, Incumplimiento

Default judgement, Fallo por falta de comparecencia, fallo por incumplimiento

Defect – imperfection, Defecto

Defendant, Acusado, demandado

D

Defense – defense attorney, Defensa

Defense – evidence, Pruebas para la defensa

Defense attorney or counsel, Abogado defensor

Deferment, Aplazamiento

Deferred compensation, Compensación aplazada

Defined benefit plan, Plan de beneficio definido

Defraud, Defraudar, estafar

Degrading treatment, Trato degradente y humillante

Delay, Demorar, aplazar

Deliberation, Deliberación, consulta entre los miembros del jurado

Delinquent – past due, Atrasado

Delinquent – person, Delincuente

Delinquent taxes, Impuestos morosos

Dementia, Demencia

Demonstration – political, Manifestación

Demurrer, Objeción

Denial, Denegación

Denial notice, Aviso de denegación

Denied, Negado

Dental care, Cuidado dental

Dentist, Dentista

D

Deny – a request, Negar, denegar

Deny – deprive, Denegar

Department of social services, Departamento de servicios sociales

Dependent, Dependiente, familiar a su cargo

Deponent, Declarante, deponente

Deportation, Deportación

Deportation proceedings, Tramite de deportación

Deposit, Depósito

Deposition, Declaración, deposición

Depreciation, Depreciación, amortización, desvalorización

Depression – emotional, Depresión

Desertion – of family, Abandono

Desertion from military, Abandono militar

Detention, Detención

Detention – after school, Retención escolar

Deterioration, Deterioro, desmejora

Determined period of time, Período de tiempo determinado

Detinue warrant, Demanda por rentención ilegal de propiedades

Developmental, De desarrollo

D

Diabetic, Diabético

Diagnosis, Diagnóstico

Diagnostic test, Prueba diagnóstica, exámen diagnóstico

Dialect – of language, Dialecto

Diploma, Diploma

Diplomat, Diplomático

Direct deposit, Depósito directo

Direct evidence, Pruebas directas

Direct examination, Interrogatoria directo

Disability, Incapacidad, impedimento, invalidez

Disability denial notice, Aviso de denegación de incapacidad

Disability evaluation specialist, Especialista en evaluación de incapacidad

Disability insurance, Seguro de incapacidad

Disability pension, Pension por discapacidad

Disabled person, Persona incapacitada

Disabled veteran, Veterano de guerra incapacitado

Disallow, Denegar

Disaster, Desastre, calamidad

Disbarment, Suspension o revocación de la licencia de un abogado

D

Discharge – from a hospital, Dar de alta del hospital

Discharge – from employment, Descargo del trabajo, despido

Discharge – from military service, Licenciado del servicio militar

Discharge hearing – bankruptcy, Audiencia de descargo

Disclaimer, Denegación de una responsabilidad

Disclosure of information, Revelación de información

Discount – of price, Descuento

Discovery, Revelación

Discrepancy, Discrepancia

Discrimination, Discriminación

Dismiss – a case, Desestimar

Dismiss – an employee, Despedir

Dismiss charges, Desestimar, desechar

Dismissal with prejudice, Desestimar con pérdida de derecho a nuevo juicio

Dismissal without prejudice, Desestimar sin pérdida de derecho a nuevo juicio

Disorderly conduct, Desorden público

Disposition, Acuerdo, arreglo

Disqualify, Descalificar

Dissolution, Disolución

D

District attorney, Fiscal, procurador general

District court, Tribunal de distrito

District manager, Gerente de distrito

Disturbing the peace, Perturbación de la paz pública

Diversion – alternative program, Desviación – procedmiento de rehabilitación

Diversity, Diversidad, variedad

Dividends, Dividendos

Divorce, Divorcio

Divorce decree, Decreto de divorcio absoluto

Divorce from "bed and board", Divorcio de "techo y sustento"

Divorce from the "bond of matrimony", Divorcio de la "unión del matrimonio"

Divulge, Divulgar

Docket, Orden del día, lista de causas

Doctor or physician, Doctor, médico

Document, Documento

Domestic violence, Violencia doméstica

Domestic worker, Persona empleada en servico doméstico

Domicile, Domicilio

Donation, Donación

D

Door-to-door sales, Venta puerta a puerta

Double jeopardy, Doble exposición por el mismo delito

Down payment, Pago inicial, enganche

Down's syndrome, Síndrome de Down

Driver's license, Licencia de manejar, permiso de conducer, licencia de conducir

Driving While Intoxicated (DWI), Conduciendo borracho o intoxicado

Drop-out from school, Abandonar la escuela

Drug addict, Drogadicto, narcómano

Drug addiction, Adicción a drogas

Drug test, Prueba de drogas

Drunk driving, Conduciendo borracho o intoxicado

Due date, Fecha de vencimiento

Due diligence, Diligencia debida

Due process of law, Debido procedimiento de ley, debido proceso legal

Duly sworn, Debidamente juramentado

Dunning, Acreedor importune

Dunning notice, Aviso de importuner a un deudor

Duplicate claim, Reclamación duplicada

Durable power of attorney, Poder legal durable

D

Duration, Duración

Duress, Coacción, compulsion

E

Earned income, Ingresos por trabajo

Earnings, Ganancias

Earnings record, Registro de ganancias

Earnings test, Límite de ganancias, prueba de ganancias

Easement, Derecho incorpóreao distinto de la propiedad del suelo

Economic hardship, Dificultades económicos

Edit, Repasar, preparar para la publicación

Effective date, Fecha efectiva, fecha vigente

Elder law, Leyes para ancianos

Elderly person, Anciano

Election, Elección, nombramiento

Elector – in elections, Compromisario

Electronic Benefits Transfer (EBT), Transferencia electrónica de beneficios

Eligibility, Elegibilidad

Eligible, Elegible

Eligible individual, Individuo elegible

Eliminate, Eliminar, suprimir

Emancipation, Emancipación

E

Embassy, Embajada

Embezzlement, Desfalco, malversación

Emergency, Emergencia

Emergency medical assistance, Asistencia médica de urgencia

Emergency protective order, Orden de protección de emergencia

Emergency relief, Socorro de emergencia

Emergency room, Sala de emergencia

Emolument, Emolumento

Emotional abuse, Abuso emocional

Emotional disability, Trastorno emocional

Emotional distress, Angustia emocional

Empanel a jury, Elección del jurado

Employee, Empleado

Employee relations, Relaciones de empleados

Employer, Patron, empleador

Employment agency, Agencia de empleo

Employment application, Solicitud de trabajo

Employment authorization, Autorización de trabajo

Employment certification, Certificado de trabajo

Employment contract, Contrato de trabajo

E

Employment law, Ley de empleo

Empower, Capacitar

Enclosure – attachment, Contenido, adjunto

Endorsement, Endoso, aprobación

End-stage renal disease, Enfermedad renal en etapa final

Enforce, Hacer cumplir, ejecutar

Enforcement of law, Hacer cumplir la ley

Engagement – to marry, Compromiso de matrimonio

Enroll – register, Inscribirse, darse de alta

Enrollment period, Período de inscripción

Enter a plea, Declararse

Enter into force, Entrar en vigor

Entitled, Autorizado, tener derecho a

Entrapment, Acción de inducir engañosamente, acción de entrampar

Epilepsy, Epilepsia

Equal pay for equal work, Salario igual por trabajo igual

Equal protection of law, Protección igual ante la ley

Equality, Igualdad, equidad

Equitable, Equitativo

Equitable distribution, Distribución equitativa

Equity value, Valor líquido

E

Error, Error, equivocación

Establish, Establecer, fundar

Estate tax, Impuesto sobre herencia

Estimate, Estimación, evaluación

Estimated value, Valor estimado

Estrangement, Extrañamiento, alejamiento

Ethnicity, Etnia

Evade – taxes or customs, Evader impuestos aduanales, evitar impuestos aduanales

Evaluation, Evaluación

Evict, Desalojar, desahuciar

Eviction, Desalojo, desahucia, evicción

Eviction order, Orden de desalojo

Evidence, Prueba, evidencia

Ex-convict, Ex presidiario

Ex parte, Ex parte, de una parte

Ex post facto law, Ley ex post facto

Exact, Exacto, preciso

Exception, Excepción

Exchange rate, Tipo de cambio, tasa de cambio

Exclusive possession, Posesión exclusiva

E

Execute – contract or agreement, Ejecutar un contrato o un acuerdo

Execution – of a person, Ejecutar a una persona

Execution of a will, Testamento firmado y en conformidad con las normas establicidas

Executive director, Director ejecutivo

Executor – of a will, Albacea, administrador de sus bienes

Exempt, Exento

Exemption, Exención

Exhaust – use up, Agotar, gastar

Exhibit – courtroom display, Documento u objeto de prueba

Exile, Desterrar

Exonerate, Exonerar

Expedite, Apresurar, despachar

Expel, Expulsar

Expenses, Gastos, costos, desembolsos

Expert, Experto, pericial

Expert witness, Testigo perito

Expedited, Removal

Expiration date, Fecha de vencimiento

Exploitation – of people, Explotación

E

Expunge, Borrar

Extended care tratamiento, Prolongado, extendido

Extended coverage, Protección prolongada, extendida

Extension, Extensión, prórroga

Extenuating circumstances, Circunstancias atenuantes

Extortion, Extorsión

Extra curricular activities, Actividades extra curriculares

Extradition, Extradición

Extreme hardship, Dificultades extremas

Eyewitness, Testigo ocular

F

Face-to-face interview, Entrevista en persona

Fact, Hecho, acontecimiento

Failure to appear, Incumplimiento de comparacer

Failure to comply, Incumplimiento

Fair market value, Valor normal en el mercado

Fairness or impartiality, Imparcialidad

False accusation, Acusación falsa

False arrest, Arresto ilegal

False document, Documento falso, documento falsifacado

False information, Información falsa

False imprisonment, Encarcelamiento ilegal, detención ilegal

False statement, Declaración falsa

Family abuse, Abuso familiar

Family law, Ley familiar

Family planning, Planificación familiar

Family register records, Archivos familiares

Farm workers, Trabajadores agrícolas, campesinos

Father-in-law, Suegro

F

Fatigue, Fatiga, cansancio

Favoritism, Favoritismo

Federal poverty level, Nivel federal de pobreza

Fees, Honorarios

Felony, Delito mayor, delito grave, felonía

Fence – stolen property, Traficante de objetos robados

Fiancé, Prometido

Fiancée, Prometida

Fiduciary, Fiduciario

File – casefile, Expediente

File – closed casefile, Archivo

File – verb to file in file cabinet, Archivar

File a motion, Presentar una solicitud, presentar una moción

File a tax return, Radicar una declaración de impuestos

File an application, Radicar una solicitud

File charges, Presentar una acusación, presentar cargos penales

File for civil action, Entablar una acción civil

Filing date, Fecha de radicación

Filing fees, Cuotas de presentación de papeles en la corte

Fill out a form, Llenar un formulario

F

Final judgment, Sentencia final, sentencia definitiva

Finance charge, Cargos financieros, costo por financiamiento

Financial assistance, Asistencia financiera

Financial hardship, Privación económica

Financial status, Condición financiera

Financial support, Ayuda financiera

Financing, Financiamiento

Find guilty, Hallar culpable

Finding – legal, Resultado de una investigación, determinación

Fine, Multa

Fingerprints, Huellas digitales

Fire – from a job or position, Despedir

Fire department, Servicio de bomberos

Fire insurance, Seguro contra incendio

Firearm, Arma de fuego

Fiscal year, Año fiscal

Fixed income, Ingreso fijo

Fixed interest rate, Tasa fija

Flextime, Horario flexible

Follow-up, Recordatorio, seguimiento

F

Food stamps, Estampillas para alimentos

Forced labor, Trabajo forzado

Foreclosure, Remate hipotecario, juicio hipotecario

Foreman – of work crew, Capataz

Forfeiture, Pérdida, confiscación, caducidad

Forger, Falsificador, falsario

Forgery, Falsificación

Form – paperwork, Formulario

Form letter, Carta modelo

Forma pauperis, Declaración jurada de condición indigente

Foster care, Cuidado tutelar, cuidado de crianza

Foster child, Hijo de crianza

Foster home, Hogar provisional

Fracture or break of bone, Fractura de hueso

Frame – to make appear guilty, Estratagema para incriminar a una persona inocente

Fraud, Fraude, estafa

Fraud and abuse hotline, Línea directa de fraude y abuso

Freedom, Libertad

Fringe benefit, Prestación suplementaria

F

Frisk, Registrar a la persona

Frivolous suit, Juicio sin fundamento

Full faith and credit, Entera fe y crédito

Full-time, Tiempo completo

Full-time employment, Empleo a tiempo completo

Full-time nursing care, Cuidado de enfermería de tiempo completo

Full-time student, Estudiante de tiempo completo

Fully insured, Totalmente asegurado

Funeral, Entierro, funeral

Funeral home, Funeraria

G

Gag order, Prohibición de hablar del caso

Gambling, Apostar, jugando por dinero

Gang, Pandilla

Garnish, Embargar, retener los ingresos

Garnishment, Retención de sueldo

Gender, Género

General district court, Tribunal general de distrito

General durable power of attorney, Poder general duradero

General enrollment period, Período de inscripción general

General power of attorney, Poder general

General relief – assistance, Subsidio general, prestación social general

Give notice, Dar aviso

Glossary, Glosario

Good cause, Razón justificada

Good faith, Buena fe

Good moral character, Caracter de buena moral

Government, Gobierno

G

Governor, Gobernador

Grace period, Período de gracia

Graduate school, Universidad de grado

Grand jury, Gran jurado

Grand larceny or theft, Hurto mayor, robo grande

Grant, Beca, subvención

Green card, Tarjeta verde

Grievance, Una queja

Grievance procedure, Procedimiento de agravio, procedmiento de queja

Gross income, Ingreso bruto

Gross negligence, Negligencia grave

Ground – cause or reason, Motivo, fundamento

Grounds for divorce, Motivos de divorcio, causa de divorcio

Group insurance, Seguro colectivo

Guarantee, Garantía

Guardian, Tutor nombrado por la ley

Guardianship, Apoderado legal, tenencia

Guess – verb, Advinar, suponer

Guidelines, Guía, normas

Guilty, Cupable

G

Gun, Pistola, arma de fuego

H

Habeas corpus, Habeas corpus

Habitual criminal or offender, Delincuente habitual

Half brother, Medio hermano

Half sister, Media hermana

Halfway house, Institución que ayuda a personas a reintegrarse a la sociedad

Handcuffs – manacles, Esposas, manilas de hierro

Handicap, Discapacidad, impedimento

Handicapped individual, Persona discapacidada

Harass – usually sexual in nature, Acoso sexual

Harass – general harassment, Hostigar

Harassment, Acosamiento, hostigamiento

Hardship, Dificultad, apuro

Hardship excepton, Excepción de privación

Head of household, Jefe de familia

Health and safety code, Código de sanidad y seguridad

Health care declaration, Una declaración sobre el cuidado de la salud o sanitariad

Health care provider, Proveedor de atención a la salud

H

Health Maintenance Organization (HMO), Organización para el mantenimiento de la salud

Hearing, Audiencia

Hearing aid, Audífono, prótesis auditiva

Hearing officer, Oficial de audiencia

Hearsay, Testimonio de oídas

Heart attack, Ataque cardíaco, ataque al corazón

Hereinafter, Más adelante, a continuación

Heretofore, Hasta ahora

High blood pressure, Alta presión sanguínea, alta presión de la sangre

High school, Escuela secundaria, preparatoria

Hire, Emplear, contratar, dar empleo

Hit and run, Chocar y huir

Hobbies, Pasatiempos

Holiday, Día festivo, día inhábil

Home health aid, Ayuda médica en el hogar

Homeless, Desamparados, desahuciados, sin hogar

Homestead deed, Excepción aplicable a reclamos contra propiedad en tramites de bancarrota

Homestead bankruptcy exemption, Excepción de propiedad en tramite de bancarrota

Homework, Tarea

H

Homicide, Homicidio

Homosexual, Homsexual

Honorarium, Honorarios

Hospice care, Cuidado de hospicio

Hospital, Hospital, clínica

Hospital stay, Estancia, estadía en el hospital

Hostage, Rehén

Hotline, Línea de emergency

Hourly earnings or pay, Pago por hora

Hours worked, Horas trabajadas

Household chores, Quehaceres domésticos, aseo

Household expenses, Gastos de la casa

Household worker, Trabajadora doméstica, criada, servicio doméstico

Housing assistance, La asistencia para la vivienda

Housing law, Ley de vivienda

Human Immunodeficiency Virus (HIV), Virus de inmuodeficiencia humana (VIH)

Human resources department, Departamento de recursos humanos

Human rights, Derechos humanos

Human trafficking, Trata de personas, tráfico de seres humanos

H

Humiliation, Humillacíon

Hung jury, Jurado en desacuerdo, sin veredicto

Husband, Esposo, marido

Hypertension, Hipertensión, alta presión de sangre

Hysterectomy, Histerectomía

I

Income tax return, Declaración de impuestos

Identification card (ID), Tarjeta de identificación

Identity theft, Robo de identidad

Illegal, Ilegal

Illegal search and seizure, Búsqueda y captura ilegal

Illegitimate child, Hijo ilegítimo

Illiterate, Analfabeto

Illness, Enfermedad

Immaterial, Inmaterial, no esencial

Immediate danger, Peligro inmediato

Immigrant, Inmigrante

Immigrant visa, Visa de immigrante

Immigration judge, Juez de inmigración

Immigration law, Leyes de inmigración

Immigration officer, Oficial de inmigración

Immigration records, Expedientes de inmigración

Immoral, Inmoral

Immunity, Inmunidad, exención

Immunization, Inmunización

I

Impairment, Incapacidad específica, impedimento

Impartial jury, Jurado imparcial

Impeachment, Procedimientos de residencia

Impeachment of a witness, Desacreditación de un testigo

Implied contract, Contrato implícito

Impound, Confiscar, embargar, acorralar

Imprisonment, Encarcelación, reclusion

Improper touching, Tocar de manera inapropiada

Impugn, Impugnar

In a maner prescribed by law, De la manera prescrita por ley

In advance, Por adelantado

In good faith, Buena fe

In loco parentis, Adulto que actue como padre legal

In persona jurisdiction, Jurisdicción con respecto a la persona

In rem jurisdiction, Jurisdicción sobre un objeto o una propiedad

Inadmissible, Inadmisible

Incapacitated person, Incapacitado, incapacitada

Incarcerate, Encarcelar

Income, Ingresos

I

Income tax, Impuesto sobre el ingreso

Incompetent, Incompetente

Inconvenient, Inconveniente

Incorrect information, Información incorrecta

Incrimminate, Incriminar, inculpar

Incur, Incurrir

Indebtedness, Endeudamiento

Indecent exposure, Exhibición impúdica

Indemnity, Indemnidad, reparación

Independent contractor, Contratista independiente

Indictment, Acusación por el gran jurado, procesamiento

Indigent, Indigente

Individual Retirement Account (IRA), Cuenta de retiro individual para la jubilación

Ineligible, Inelegible

Inform, Informar, comunicar

Informant, Informante, informador

Informed consent, Consentimiento informado

Infraction, Infracción, violación

Infringe upon a person's rights, Coartarse

Inheritance, Herencia

I

Inhuman treatment, Tratos crueles, inhumanos o degradantes

Injunction, Prohibición judicial

Injury, Lesión

Inmate, Recluso, prisionero

Innocent, Inocente, inofensivo

Innocent until proven guilty, Presución de inocencia

Insanity, Locura, demencia

Insolvency, Insolvencia

Inspection, Inspección

Installment paying or plan, Pagar a plazos

Insubordination, Rebeldía

Insult, Insulto, ultraje

Insurance, Seguro

Insurance adjuster, Ajustador de seguros

Insurance policy, Póliza de seguro

Insurance premium, Prima o premio de seguro

Intake officer, Oficial de recepción

Intake specialist, Especialista de recepción y elegiblidad

Intent, Intención

Intentional program violation, Violación intencional del programa

Intercourse – sexual, Relaciones sexuales

Interest – on a loan, Interés sobre un préstamo

Interest rate, Tasa de interés

Interim report, Informe provisional

Interlocutory appeal, Apelación interlocutoria

Interlocutory order, Decreto interlocutorio

International law, Derecho internacional

Interpret, Interpretar

Interpreter, Interprete

Interrogation, Interrogación

Interrogatories, Interrogatorios

Interview, Entrevista

Intestate – die without a will, Intestado, intestada

Intestate succession, Sucesión intestada

Intimidation, Intimidación

Intoxicated, Intoxidado, ebrio

Invalid – disabled person, Persona incapacitada

Investigation, Investigación

Investment, Inversión

Investment account, Cuenta de inversiones

Involuntary manslaughter, Homicidio involuntario

I

Involuntary servitude, Servidumbre involuntaria

Irrelevant, Irrelevante, no pertinente

Irrevocable, Irrevocable, inalterable

Is subject to, Está sujeto a

Item, Detalle

Itemize, Detallar

Itemized deductions, Deducciones detalladas

J

Juvenile & Family Court, Tribunal de menores y relaciones familiares

Jail, Prisión, cárcel

Job, Empleo, ocupación, trabajo

Job description, Descripción de trabajo o empleo

Job interview, Entrevista de trabajo o empleo

Job offer, Oferta de trabajo o empleo

Job performance evaluation, Evaluación de trabajo o empleo

Job seeker, Persona que busca trabajo

Job training, Capacitación o entrenamiento o adiestramiento de empleo

Job-related injury, Lesion relacionada al trabajo

Joinder – combines several cases, Acumulación de cargos

Joint account, Cuenta conjunta

Joint custody – of children, Custodia conjunta

Joint debt, Deuda conjunta, deuda mancomunada

Joint liability, Responsabilidad mancomunada

Joint ownership, Copropiedad, posesión conjunta

Joint property, Propiedad en conjunto

J

Joint return – income tax return, Declaración conjunta de ingresos

Joint sponsor, Patrocinador conjunta

Joint venture, Empresa en conjunto

Judge, El juez

Judge's discretion, Decisión del juez

Judgment, Juicio, fallo, sentencia

Judgment proof, Exento de juicio

Jump bail, Huir después de depositar fianza

Junior high school, Escuela media

Jurisdiction, Jurisdicción

Jurisprudence, Jurisprudencia, teoría del derecho

Juror – or jurist, Miembro del jurado

Jury, El jurado

Jury duty, Servicio de jurado, juraduría

Jury trial, Juicio por jurado

Justice, Justicia

Justice of the peace, Juez de paz

Juvenile court, Tribunal de menores

Juvenile delinquency, Delincuencia de menores, delincuencia juvenil

K

Kidnap, Secuestrar, raptar

Kidnapping, Secuestro, rapto

Kidney transplant, Transplante del riñon

Knife, El cuchillo, la navaja, la cuchilla

Knock down, Tumbar, derribar

Knock out, Dejar sin sentido, hacer perder el sentido

L

Labor, Labor, trabajo

Labor certification, Certificado de labor

Labor contract, Contrato colectivo laboral

Labor dispute, Conflicto laboral, conflicto colectivo

Labor law, Derecho de labor, ley laboral

Labor relations, Relaciones laborales

Labor union, Gremio laboral, sindicato obrero

Laborer, Trabajador, obrero, persona que labora

Landlord, Arrendador, propietario, dueño de propiedad

Landlord-tenant law, Ley de vivienda, ley de propietario e inquilino

Language, Idioma, lengua

Language access coordinator, Coordinador de acceso a idiomas

Larceny, Latrocinio, ratería, hurto

Last name – surname, Apellido

Last will and testament, Testamento, última voluntad

Late charge, Cargo adicional por pago atrasado

Late payment, Pago tardío

L

Law, Ley, derecho

Law school, Facultad de derecho, escuela de leyes

Law student, Estudiante de derecho

Lawful admission, Admisión legal, entrada legal

Lawful permanent resident, Residente legal permanente

Lawsuit, Demanda, pleito, proceso

Lawyer, Abogado, licenciado

Lawyer fees, Honorarios de abogado

Lawyer referral service, Servicio de referencia para abogados

Lay-off – of workers, Despedir (a un trabajador) temporalmente, cesantía temporal

Leading question, Pregunta que insinúa la repuesta

Lease – noun, Contrato de arrendamiento, contrato de locación

Lease – verb, Alquilar, rentar

Leave – authorized time off, Permiso, autorización, licencia

Leave without pay, Licencia sin goce de sueldo

Lecturer, Lector

Legal, Legal, jurídico

Legal advice, Consejo legal

Legal aid, Asesoramiento jurídico gratuito

L

Legal argument, Argumento legal

Legal assistant, Asistente legal

Legal documents, Documentos legales

Legal guardian, Tutor legal, guardián legal

Legal research, Investigación legal

Legal separation, Separación legal

Legitimate child, Hijo legítimo

Lender, Prestamista

Leniency, Misericordiosamente

Lesbian, Lesbiana

Letter of denial, Carta de denegacíon

Letterhead paper, Membrete, encabezado

Levy on property, Embargo de bienes

Lewd conduct, Comportamiento obsceno

Liability, Responsabilidad, obligación

Liability insurance, Seguro de responsibilidad (por daños a terceros)

Liaison, Vinculación, unión

Libel, Difamación

License, Licencia, permiso

Lie – noun, Mentira

Lie – verb, Mentir

L

Lie detector, Detector de mentiras

Lien, Gravámen, derecho de retención

Life expectancy, Promedio de vida

Life imprisonment, Cadena perpetua

Life insurance, Seguro de vida

Life prolonging procedures, Procedimientos para prolongar la vida

Light work, Trabajo ligero, trabajo liviano

Limit, Límite, restricción

Line of credit, Línea de crédito

Litigation, Litigación, litigio

Living arrangement, Arreglo de alojamiento

Living expenses, Gastos de subsistencia

Living wage, Sueldo suficiente para sobrevivir

Living will – health care, Declaración o testamento para vivos, testamento en vida

Loan, Préstamo

Loan agreement or contract, Contrato de préstamo

Local agency, Agencia local

Lock, Cerradura

Lockout – in labor dispute, Huelga patronal

L

Lockout – of a house, Prohibir la entrada a la casa a un residente

Loitering, Vagar, dilatar

Long arm statues, Estatutos que se extiendan jurisdicción personal sobre personas en otros estados

Long-term care, Atenciones a largo plazo

Loss, Pérdida

Loss of major functions, Pérdida de funciones básicas o principales

Low-income, De ingresos limitados, de bajos ingresos

Lump-sum payment, Pago global, monto único

Lure, Atraer con engaño

M

Magistrate, El magistrado

Maiden name, Apellido de soltera

Mail fraud, Fraude postal

Mailing address, Dirección postal

Maintain records, Mantener los archivos o registros, llevar registros

Malice, Malicia

Malicious, Malicioso, maligno

Malicious intent, Intención maliciosa

Malicious prosecution, Acción penal sin fundamento, denuncia maliciosa

Malnutrition, Desnutrición

Malpractice, Negligencia profesional

Managed care program, Programa de cuidado administrado

Management – of a company, Administración

Manager, Gerente

Mandatory sentence, Sentencia obligatoria

M

Manner prescribed by law, Una forma prescrita por la ley

Manslaughter, Homicidio sin premeditación

Manual labor, Trabajo manual

Marital property, Bienes del matrimonio

Marital status, Estado civil

Market value, Valor en el mercado

Marriage, Matrimonio

Marriage certificate, Certificado de matrimonio

Marriage fraud, Fraude marital

Minority group, Grupo de minoridad

Master's degree, Licenciado, maestría

Material evidence, Prueba material

Material fact, Hecho pertinente

Maternal abuduction, Secuestro maternal

Maternity leave, Licencia por maternidad

Maturity date, Fecha de vencimiento

Means-tested public benefits, Prestaciones públicos que dependen de los recursos económicos

Mediation, Mediación

Mediator, Mediador, intercesor

Medical assistance, Asistencia médica

M

Medical bills, Cuentas médicas

Medical coverage, Cobertura médica

Medical examination, Chequeo médico, examen médico

Medical expenses, Gastos médicos

Medical power of attorney, Poder médico, poder legal médico

Medical record, Historial médico, antecedentes médicos

Medical tests, Chequeos médicos, exámenes médicos

Medicine, Medicina, medicamento

Meet requirements, Reunir los requisitos, reunir las condiciones

Meeting of creditors, Junta de acreedores

Meeting or conference, Reunión, conferencia

Mental anguish, Angustia mental

Mental competence, Competencia mental

Mental cruelty, Crueldad mental

Mental health, Salud mental

Mental illness, Enfermedad mental

Mental impairment, Impedimento mental

Mental incompetence, Incompetencia mental

Mental retardation, Retraso mental, retardación mental

Merchant, Comerciante, vendador

M

Merits of the case, Justificación legal para un caso, argumento legal

Metal detector, Detector de metales

Midwife, Comadrona, partera

Migrant worker, Trabajodor migratorio

Military law, Derecho militar

Military service, Servicio militar

Minimum wage, Sueldo mínimo, salario mínimo, pago mínimo

Minister – Protestant clergyman, Ministro protestante

Minor – not yet adult, Menor

Miscarriage, Aborto natural, abort esponatáneo, malparto

Misconduct, Mala conducta, comportamiento ilícito

Misdemeanor, Delito menor, contravención

Misrepresentation, Declaración falsa, declaración errónea

Missing person, Persona desaparecida, persona extravíada

Mistrial, Juicio nulo

Misunderstanding, Mal entendimiento

Misuse of benefits, Mal uso de beneficios

M

Mitigating circumstances, Circunstancias atenuantes o mitigantes

Modification, Modificación, enmienda

Money order, Giro

Monthly benefit, Beneficio mensual

Monthly earnings test, Prueba de ingresos mensuales

Monthly income, Ingresos mensuales

Monthly payment, Pago mensual

Month-to-month lease, Contrato de mes a mes

Mood, Estado de ánimo, humor

Moot court, Tribunal ficticio

Moral obligation, Obligación moral

Moral turpitude, Torpeza moral

Mortgage – noun, Hipoteca

Mortgage – verb, Hipotecar

Mother-in-law, Suegra

Motion, Petición

Motion denied, Petición rechazada, moción rechazada

Motion for a new trial, Petición para un nuevo juicio

Motion for continuance, Peticitión para aplazamiento del procedimiento

Motion for judgment, Demanda civil

M

Motion granted, Petición otorgada

Motion to compel discovery, Moción para obligar revelación

Motion to discover, Moción de revelación de pruebas

Motion to dismiss, Moción para desechar

Motion to reopen, Acción de reapertura de un caso

Motive, Motivo

Motor vechicle, Vehículo de motor, vehículo motorizado

Move – change residences, Mudar, trasladar

Mug shot, Foto de detenido

Multicultural, Multicultural

Murder – noun, Asesinato

Murder – verb, Asesinar

Mute, Mudo

Mutual consent, Consentimiento mutuo

N

Name change, Cambio de nombre o apellido

Narcotics, Narcóticos

Nation, Nación, país

National origin, Origen nacional

Nationality, Nacionalidad

Native language, Lengua materna

Natural disaster, Desastre natural

Naturalization, Naturalización

Naturalization certificate, Certificado de naturalización, acta de naturalización

Nearest living relative, El pariente más cercano que esté vivo

Neglect, Negligencia, descuido

Negligence, Negligencia, descuido

Negotiation, Negociación

Nervous breakdown, Ataque nervioso, ataque de nervios

Net income, Ingreso neto

Net loss, Pérdida neta

Net profit, Ganancia neta

N

Next of kin, Parientes más cercanos

Nickname, Apodo

Night shift, Trabajo nocturno

No fault divorce, Divorcio sin causa

Nolle prosequi, Nolle prosequi

Nominal value, Valor nominal

Non-citizens, Extranjeros

Non-compliance, Incumplimiento

Non-covered work, Trabajo que no está cubierto por el Seguro Social

Non-custodial parent, Padre sin la custodia

Non-immigrant, No-inmigrante

Non-payment of rent, El no pagar la renta

Non-profit organization, Organización sin fines lucro

Non-receipt, No recibido

Non-renewable, No renovable

Nonsuite – nonsuit a case, Abandonar una acción judicial

Non-support, Falta de sostenimiento

Non-work day, Día no laborable, día inhabil

Normal wear and tear, Desgaste normal

Not guilty, No culpable

N

Notarize, Otorgar ante notario, autenticar por un notario público

Notary public, Notario, escribano, corredor público

Notice, El aviso, la notificación

Notice of appeal, Notificación de apelación

Notice of non-coverage, Aviso de protección negada

Notice of planned action, Aviso de acción proyectada

Nuisance, Perjuicio, daño, acto perjudicial

Null and void, Nulo y sin valor, nulo y de ningún efecto

Nurse, Enfermera

Nursing care, Cuidado de enfermería

Nursing home – for the elderly, Hogar de ancianos, casa de cuidado de ancianos, asilo de ancianos

Nutrition programs, Programas de nutrición

O

Oath, Juramento

Object – verb, Objectar, oponerse, tener inconveniente

Objection, Objeción, oposición

Objection overruled, Objeción no admitida

Objection sustained, Objeción admitida

Obstruct, Obstruir, estorbar

Occupation – job, Ocupación, profesión

Occupational hazard, Riesgo de trabajo, riesgo profesional

Off the record, Extraoficial

Offender, Ofensor, delincuente, infractor

Offense, ofensa, delito

Office, Oficina

Offset, Ajuste, descuento, reducción

Old age, Edad avanzada, vejez

On point, En punto

Ongoing benefits, Beneficios regulares

Onset of disability, Fecha de comienzo de la incapacidad

O

On-the-job training, Formación práctica en el empleo, entrenamiento mientras empleado

Opening statement, Declaración inaugural, delcaración de apertura

Opinion, Opinión jurídica

Opposing party, Parte contraria

Oppression, Opresión

Optional state supplement, Suplemento opcional del estado

Oral agreement, Contrato oral, contrato verbal

Order, La orden, el decreto

Order to show cause, Orden de comparecer para explicar incumplimiento judicial

Ordinance – municipal law, Ordenanza – ley municipal

Organization, Organización

Origin, Origen

Original document, Un documento original

Orphan, Huérfano

Orphanage, Orfelinato

Orthopedic, Ortopédico

Out-of-court settlement, Acuerdo o arreglo extrajudicial

Outpatient, Paciente externo, paciente ambulatorio

Outreach programs, Programas de alcance comunitario

O

Outstanding balance, El remanente de deuda

Outstanding debt or loan, Préstamo pendiente

Overdraw an account, Sobregirar una cuenta

Overpayment, Sobrepago, Pago en exceso

Overpayment recovery, Recuperación de sobrepago

Overpayment refund, Reembolso de sobrepago

Overrule, Denegar, desestimar, declarar sin lugar

Overtime hours, Sobre tiempo, horas adicionales

Overtime pay, Pago por sobre tiempo

Overtime wage, Salario por horas adicionales

Own expense, Gastos propios

Own recognizance, En libertad bajo promesa de comparecer

Owner, Dueño, propietario

P

Pacemaker, Marcapasos cardíaco, aparato cardiocinético

Package of benefits, Conjunto de beneficios

Paternity, Paternidad

Paid in full, Pagado en su totalidad, liquidado

Paid leave or vacation, Licencia pagada

Pain, Dolor

Pain and suffering, Dolor y sufrimiento

Palpitations, Palpitaciones

Pamphlet, Folleto, panfleto

Panderer – pimp, Alcahuete

Paperwork, Tramites, papeleo

Paralegal, Asistente legal

Paralysis, Parálisis

Pardon, Indulto, la amnistía, la remission de pena

Parent company, Compañia matriz

Parental rights, Derechos de los padres

Parenting classes, Clases de padres

P

Parole, Libertad vigilada, libertad condicional

Parole board, Junta de perdones

Part time, Tiempo parcial

Part time nursing care, Servicio de enfermería de tiempo parcial

Partial adjudication, Adjudicación parcial

Partial disability, Discapacidad parcial

Partial payment, Pago parcial

Participation, Participación

Partnership, Sociedad o compañía colectiva, asociación

Passport, Pasaporte

Past due child support, Manutención de hijos adeudada

Patent, Patente

Paternity test, Examen para determinar paternidad

Pathology, Patología

Patient, Paciente

Pay-as-you-go basis, Pagar según se recibe

Pay by installment, Pagar a plazos

Pay in cash, Pagar en efectivo

Pay increase, Aumento salarial, subir el sueldo

Pay or quit notice, Aviso de pago o de irse (renunciar o dimisión)

P

Pay scale, Escala salarial

Pay stub, Recibo de pago, talón de pago

Payable, Pagadero

Payee, Tutor del beneficiario

Payment, Pago, renumeración

Payment in full, Pago total

Payment in kind, Pago en especie

Payment plan, Plan de pagos, plan de pagar a plazos

Payroll, Nómina, planilla de sueldos

Payroll deduction order, Orden de descuentos directos a su salario

Peace bond, Fianza de paz

Pediatric physician, Pediatra

Peer pressure, Presión de los compañeros o colegas

Peer review organization, Organización de revisión de normas profesionales

Penal code, Código penal

Penal servitude, Reclusión con trabajos forzados

Penalty, Sanciones, pena, penalidad, castigo

Penalty clause, Cláusula penal

Penalty deductions, Deducciones por multa o penalidad

Pendente lite, Pendente lite, mientras el juicio continúa

P

Pending, Pendiente, en trámite

Penitentiary, Penitenciaría

Pension, Pensión

Peremptory challenge, Recusación sin causa

Performance appraisal, Informe de trabajo

Period of benefits, Período de beneficios

Perjury, Perjurio, testimonio falso

Permanent address, Residencia permanente

Permanent resident, Residente permanente

Permit – authorization, Permiso, licencia

Persecution, Persecución

Persistent vegetative state, Condición de vegetativa persistente

Personal check, Cheque personal

Personal expenses, Gastos personales

Personal Identification Number (PIN), Número de Identificación Personal (NIP)

Personal income tax, Impuestos sobre ingresos personales

Personal injury, Lesión personal, lesión corporal

Personal property, Bienes muebles

Personal recognizance, Reconocimiento personal

P

Personality, Personalidad

Personnel department, Departamento de personal

Petition – noun, Petición

Petition – verb, Peticionar, pedir

Petitioner, Demandante

Petty larceny or theft, Pequeño hurto, ratería

Pharmacist, Farmacéutico, boticario

Physical custody, Custodia física

Physical impairment, Incapacidad física

Physical therapy, Fisioterapia

Physician, Médico

Pickpocket, Carterista

Picture ID, Identificación con fotografia

Piece rate, Pago por pieza, pago a destajo

Pill – medicine, Pastilla

Pimp, El alcahuete, el chulo

Pinch, Pellizcar

Place of birth, Lugar de nacimento

Plaintiff, Demandante, querellant, quejoso

Plea – noun, Alegato, defensa, declaración

Plea – to enter a plea, Declarar

P

Plea bargain, Negociación para una declaración de culpabilidad arreglada

Plea of nolo contendere, Alegación en la cual no se contesta a la acusación

Plead, Declarse

Plead guilty, Declararse culpable

Plead not guilty, Declararse no culpable, declarase inocente

Pleadings, Alegatos

Please be advised, Por favor tome en cuenta

Plot, Complot

Police department, La policía

Police officer, Oficial de policía

Policy – guiding principles, Pólitica, normas

Policy – such as insurance policy, Contrato, póliza

Policy number, Número de póliza

Polygraph, Aparato para detectar mentiras, polígrafo

Political asylum, Aslio politíco

Political opinión, Opinión política

Political party, Partido político

Poll the jury, Preguntar a los jurados individualmente su conformidad con el veredicto

Polyandry, Poliandria

P

Pooled income, Ingreso combinado

Poor debtor exemption, Exención de propiedades en un tramite de bancarrota

Pornographic, Pornográfico

Pornography, Pornografía

Port of entry, Puerto de entrada

Position – at work, Pocisión, colocación

Possession of drugs, Posesion de drogas

Post Traumatic Stress Disorder (PTSD), Syndrome post traumático

Postal money order, Giro postal

Post-dated check, Cheque posfechado

Posters, Carteles, afiches

Posthumous, Póstumo

Postponement, Aplazamiento

Poverty level, Nivel de pobreza

Power of Attorney (POA), Poder legal, poder notarial, poder

Praecipe, Orden judicial

Prayer for relief, Petitorio

Preamble, Preámbulo

Precedent, Precedente, antecedente

P

Predatory lending – usury, Préstamo con tasas de interés ilegal, usura, agiotaje

Preemptory challenge, Reto preventivo

Preferential, Preferencial

Pregnancy, Embarazo

Pregnant, Embarazada, encinta

Prejudice, Prejuicio, parcialidad

Preliminary hearing, Audiencia preliminaria

Preliminary investigation, Investigación preliminaria

Preliminary protective order, Orden preliminar de protección

Premeditated, Premeditado

Premeditation, Premeditación

Prenatal care, Atencion prenatal

Prepay or pay in advance, Prepagar, pagar por adelantado

Prepayment, Pago adelantado

Preponderance of evidence, Proponderancia de pruebas

Prescription, Receta, prescripción

Pre-sentence report, Informe anterior a la sentencia

President – of a country or nation, Presidente

President elect, Presidente electo

P

Presumption, Presunción, conjetura

Presumption of innocence, Presunción de inocencia

Presumptive disability, Incapacidad presunta

Pretext, Pretexto

Pre-trial confinement, Prisión preventiva, encarcelado antes de la sentencia

Pretrial release, Liberación antes del juicio

Priest – Catholic clergyman, Sacerdote, cura, padre

Priest – Buddhist, Sarcedote budista

Prima facie evidence, Prueba adecuada a primera vista

Priority, Prioridad

Priority date – immigration law, Fecha de prioridad

Prison, Prisión, cárcel, penitenciaría, penal presidio

Prison sentence, Condena de prisión

Prisoner, Prisonero

Prisoner of War (POW), Prisonero de guerra

Private insurance, Seguro privado

Private insurer, Asegurador privado

Private school, Escuela privada

Privatization, Privatización

Privilege, Privilegio

P

Pro bono, Pro bono, servicios proporcionados gratuitamente

Pro bono coordinator, Coordinador del programa pro bono

Pro bono program, Programa pro bono

Pro bono program assistant, Asistente del programa pro bono

Pro bono program paralegal, Asistente legal del programa pro bono

Pro se, Pro se, por uno mismo

Probable cause, Motivo fundado

Probate, Validación de testamento

Probate estate, El caudal verificable

Probate proceedings, Juicio testamentario

Probation, Libertad condicional

Probation department, Departamento de probación

Probation officer, Oficial de probación, consejero de libertad condicional

Probationary period, Período probatorio

Procedural law, Derecho procesal

Proceeding, Procedimiento, trámite

Proclamation, Proclamación

Production, Producción

P

Profit, Utilidad, ganancia

Program violation, Violación al programa

Progressive illness, Enfermedad progresiva

Prohibit, Prohibir

Promise, Promesa, compromiso

Promissory note, Pagaré, vale

Promotion, Promoción, ascenso

Proof, Prueba, comprobación, comprobante

Property, Propiedad, bienes

Property damage, Daño de propiedad

Property insurance, Seguro de vivienda

Property settlement agreement, Acuerdo de separación y distribución de la propiedad

Property tax, Predial, impuesto de propiedad, impuesto sobre bienes

Property valuation, Tasación de la propiedad

Prorate, Prorratear

Prosecute, Someter a proceso

Prosecution, Enjuiciamiento, prosecución

Prosecutor, Fiscal, abogado del estado

Prospective payment, Pago eventual, pago potencial

Prostate cáncer, Cáncer de la próstata

P

Prostitute, Prostituta

Prostitution, Prostitución

Protective order, Orden de protección

Prove, Verificar, comprobar

Provider of services, Proveedor de servicios

Provision – of article, Estipulación

Provision of law, Estipulación legal

Provocation, Provocación

Proxy, Poder, apoderado, mandatario

Proxy statement, Declaración para accionistas antes de que voten mediante poder

Psychiatrist, Psiquiatra

Psychologist, Psicólogo

Public assistance, Asistencia pública

Public benefits, Beneficios públicos

Public charge, Carga pública

Public defender, Abogado defensor público

Public good, Bienestar público

Public health, Salud pública

Public housing, Vivienda pública

Public office, Cargo público

Public record, Registro civil

Public school, Escuela pública

Public trial, Juicio público

Publication – court proceedings, Publicación

Punch – hit or strike, Puñetazo

Punishment, Pena, castigo

Punitive damages, Indemnización punitiva

Purported, Implicado

Pursuant to, De acuerdo con, en conformidad a, según

Putative father, Padre putativo

Pyramid selling, Venta en pirámide

Q

Qualifications, Calificaciónes

Qualify – to be qualified for, Calificada

Quarters of coverage, Cuartos de protección

Quash, Anular, Rescindir, dejar sin efecto

Quid pro quo, Quid pro quo

Quitclaim deed, Transferencia de propiedad mediante la cual se renuncia a todo derecho

Quitclaim, Quitación, finiquito, renuncia a un título

Quota, Cuota

R

Rabbi – Jewish clergyman, Rabino

Race, Raza

Racial discrimination, Discriminación racial

Radiation therapy, Radioterapia, terapia de radiación

Raise children, Criar niños

Rap sheet, Hoja de antecedents penales, historia delictivo

Rape, Violar sexualmente

Rape in concert, Violación conjunta, violación grupal

Ratification, Ratificación

Real estate, Bienes raíces, bienes inmuebles

Real estate agent, Agente de bienes raíces

Reasonable accommodation, Acomodación razonable

Reasonable doubt, Duda razonable

Rebuttal, Refutación

Recant, Retractar, revocar

Receipt, Recibo

Recidivist, Reincidente, delincuente o criminal habitual

R

Recipient, Recipiente, beneficiario

Reckless driving, Manejar un vehiculo con abandono

Recommendation, Recomendación, surgerencia

Reconciliation, Reconciliación

Reconsideration, Reconsideración

Re-contact, Contactar de nuevo

Record – noun, Registro, los antecedents

Record – verb, Registrar, inscribir, anotar

Recourse, Recurso

Recover – recoup, Recobrar

Recover - regain health, Recuperar

Recur, Recurrir, repetirse

Red tape, Trámites burocráticos, papeleo

Red-handed in fraganti, En falgrante

Redress of grievances, Reparación de agravios

Reduce, Reducir

Reduction in Force (RIF), Reducción de empleados obligatorio

Re-entitlement, Readquirir derecho, recalificar

Reentry permit, Permiso de reingreso

Reference – on job application, Referencia

Referral, Referencia, derivación

R

Refinancing, Refinanciamiento

Reform – verb, Reformar, corregir

Reforms, Reformas

Refugee, Refugiado

Refund, Reembolsar, restituir dinero

Refund form, Formulario de reembolso

Refute, Refutar, impugnar

Regain, Recuperar

Register – to sign up, Inscribir, matricularse

Registered mail, Correo certificado, correo registrado

Registration, Registro, inscripción

Regret, Remordimiento

Regular services, Servicios regulares

Regulation, Reglamento

Rehabilitation, Rehabilitación

Reimburse, Reembolsar

Reinstate, Restablecer, reponer, reinstalar, reincorporar

Related by marriage, Emparentado

Relationship, Relación, parentesco

Relatives, Parientes

Release – from liability, Finiquito, relevo de responsabilidad

R

Release of information, Divulgar

Religion, Religión

Relinquishment, Abandono, renuncia

Relocate – move, Mudarse

Remand – case, Devolver un caso a una corte inferior

Remarks, Comentarios

Remarriage, Casarse por segundas nupcias

Remedy, Remedio, recurso

Removal proceedings, Tramites de deportación, procedimientos de deportación

Renew – a contract, Renovar

Renounce, Renunciar, repudiar

Rent – noun, La renta, el arriento, el arrendamiento

Rent – verb, Alquilar, arrendar, rentar

Rental income, Ingreso de rentas

Repay, Devolver

Repeal – of a law, Derogar

Repeat a grade, Repitir de grado

Report – noun, Informe, el reporte

Report – verb, Informar sobre, hacer un reportaje de

Report card, Libreta de calificacciones

Report of work activity, Informe de actividad de trabajo

R

Repossession, Reclamación de bienes, reposición

Representation agreement, Acuerdo de representación legal

Representative – congressperson, Representante

Representative payee, Representante del beneficiario

Reprieve la suspension, Suspensión temporal de un castigo

Reprimand, Reprender

Reprisal, Represalia

Reputation, Reputación

Request not timely filed, Petición fuera de tiempo

Required to participate, Requerido para participar

Requirement, Requisito

Rescind, Rescindir

Reservation of rights, Reservación de derechos

Residence, Residencia

Resident alien, Extranjero residente

Resignation – from a job, Resignación, dimisión

Resolution, Resolución, decisión

Resources, Bienes, recursos

Respite care, Relevo de descanso al cuidador

Respondeat Superior, Reponsabilidad del empleador

R

Respondent, Demandado

Responsibility – duty, Responsabilidad, obligación

Rest the case, Terminar la presentación de pruebas

Restitution, Restitución, restablecimiento

Restoration of rights, Restauración de derechos

Restraining order, Orden de entredicho

Restricted function, Función restringida

Restricted license, Licencia con restricciones

Restriction, Restricción, limitación

Résumé–cirriculum vitae, Curriculum vitae

Resumption of payment, Reanudación de pagos

Retainer – agreement, Acuerdo de representación legal

Retainer fee, Contrato para los servicios de un abogado

Retaliation, Tomar represalias

Retire, Jubilarse, retirarse

Retirement, Jubilación, retiro

Retirement benefits, Beneficios de la jubiliación

Retirement insurance, Seguro de retiro, seguro de jubilación

Retroactive, Retroactivo

Revaluation of assets, Revaluación de bienes

Reversal, Revocación, echarse atrás

R

Reverse discrimination, Discriminación inversa

Review – verb, Revisar

Revocable trust, Fideicomiso revocable

Revocation, Revocación

Revoke, Revocar

Rider – additional document, Clásula adicional

Rifle – firearm, Rifle

Right of recission, Derecho de recisión

Right to vote, Derecho al voto

Rights, Derechos

Riot, Motín, tumulto

Robbery, Robo

Role model, Ejemplo positivo

Room and board, Alojamiento y comida, cuarto y comida

Roommate – or housemate, Compañero de cuarto, compaño de vivienda

Rule, Regla, el precepto, la decision

Rule out, Descartar, desechar, excluir, no admitir

Rule to show cause, Una orden para mostrar razones por incumplimiento

Rules and regulations, Reglas y regulaciones

R

Rules of evidence, Reglamento de pruebas admisibles

Ruling, El fallo, la decision, la resolución

S

Safe deposit box, Caja de depósito de seguridad, caja fuerte

Salary, Salario, sueldo

Sales, Salario sobre ventas

Savings account, Cuenta de ahorros

Savings and loan association, Asociación de préstamos y ahorros

Savings bond, Bono de ahorros

Scam, Estafa

Scar, Cicatriz

Schedule – time, Horario

School attendance, Asistencia escolar

School board, Junta escolar

School counselor, Consejero escolar

Scratch – verb, Rasguñar, arañar

Scrutiny, Escrutinio

Seal – to affix a seal, Sellar

S

Search & seizure, Registro e incautación, hallanamiento y confiscación

Search warrant, Orden de hallanamiento, orden de cateo

Seasonal unemployment, Desempleo estacional, desempleo de temporada

Seasonal work, Trabajo estacional, trabajo de temporada

Second consecutive month, Segundo mes consecutivo

Second mortgage, Segunda hipoteca

Second opinion, Segunda opinión

Secured debt, Deuda garantizada

Securities, Valores, títulos

Security deposit, Depósito de seguridad

Seizure – convulsion, Convulsión

Seizure – confiscation, Confiscación

Self-defense, Defensa propia

Self-dialysis, Autodiálisis

Self-employment, Trabajo por cuenta propia

Self-employment income, Ingresos de trabajo por cuenta propia

Self-esteem, Amor propio o amor a sí mismo

Self-help eviction, Desalojo de autoayuda

Self-incrimination auto, Incriminación o culparse a sí mismo

S

Semester, Semestre

Semi-skilled worker, Trabajador mediocre

Senator – congressperson, Senador

Senile, Senil

Senior citizen, Ciudadano de edad avanzada o de la tercera edad, anciano

Seniority prioridad, Antigüedad laboral, precedencia laboral, consideraciones basadas en tiempo empleado

Sentence – noun, Condena, la sentencia condenatoria

Sentence – verb, Sentenciar, condenar

Separation, Separación

Separation agreement, Acuerdo de separación matrimonial

Service by publication, Notificación mediante publicaciones

Service contract, Contracto de servicios

Service of legal process, Entrega de documentos judiciales

Servitude, Servidumbre

Setting policy, Póliza con vencimiento

Settle out of court, Arreglar extrajudicialmente

Settlement, Arreglo, ajuste, liquidación

Severance pay, Cesantía, indemnización por despido

S

Severe condition, Condición grave, condición severa

Severe impairment, Incapacidad severa

Sex – gender, Sexo

Sexual abuse, Abuso sexual

Sexual assault, Acometimiento sexual

Sexual harassment, Acoso sexual, hostigamiento sexual

Sexual intercourse, Relaciones sexuales, el coito

Sexual orientation, Orientatación sexual

Sexual relations, Relaciones sexuales

Sexually Transmitted Diseases (STD), Enfermedades transmitidas sexualmente

Sares of stocks, Acciones

Shelter, Albergue, casa de refugio

Sheriff, Alguacil

Shift – daily work period, Horario de trabajo, horas de trabajo

Shipping charge, Cargo de envio

Shoplifting, Ratería en las tiendas, hurto en las tiendas

Shove – push, Empujón

Sick leave, Ausencia por enfermedad

Sickness, Enfermedad

Sight, Vision

S

Signature, Firma

Simultaneous interpretation, Interpretación simultánia

Single – not married, Soltero

Sister-in-law, Cuñada

Skilled nurse, Enfermera especializada

Skilled nursing facility, Institución de enfermería especializada

Skilled worker, Trabajador experimentado

Skip school, Ausencias injustificadas de la escuela

Slander, Difamación oral, calumnia

Slap – hit with open hand, Palmada, bofetada

Slavery, Esclavitud

Smuggler of aliens, Contrabandador de extranjeros, traficante de seres humanos, coyote

Social case history, Historia social del caso

Social justice, Justicia social

Social security card, Tarjeta de seguro social

Social security contributions, Contribuciones al seguro social

Social Security Number, Número de seguro social

Social services, Servicios sociales

Social work, Trabajo social

S

Social worker, Trabajador(a) social, consejero

Socioeconomic status, Nivel socioeconómico, clase social

Sodomy, Sodomía

Sole custody, Custodia exclusiva

Solemnly swear, Jurar a decir la verdad

Solitary confinement, Confinamiento solitario

Solvency, Solvencia

Son-in-law, Yerno

Special education, Educación especial

Specialist, Especialista

Speech therapy, Terapia del habla

Speeding – traffic infraction, Infracción por exceso de velocidad

Sponsor – verb, Patrocinar

Spousal support, Manutención del cónyuge, pension alimenticia

Spouse, Cónyuge

Springing power of attorney, Poder condicional

Squatter, Intruso

Stab, Apuñalar

Stalking, Acoso

Standard language (legalities), Cláusulas usuales

S

Standard of living, Nivel de vida

State – to declare, Declarar

State agency, Agencia estatal, agencia del estado

State attorney general, Fiscal general del estado

State laws, Leyes estales

State of mind, Estado de ánimo

State supplement, Suplemento estatal, suplemento del estado

Statement, Declaración

Statement of earning, Declaración de ganancias

Statistics, Estadística

Status, Estado

Status hearing, Audiencia para determinar el estado del caso

Statute, Estatuto, ley escrita, reglamento

Satute of limitation, Ley de prescripción, estatuto de limitaciones

Statutory, Estatutario

Statutory law, Derecho estatutario, ley escrita

Statutory rape, Relaciones sexuales con una joven menor de la edad del consentimiento ilegal

Stay, La suspensión, la prórroga

Stay of deportation, Demorra por deportación

S

Steal – rob, Hurtar, robar

Stepbrother, Hermanastro

Stepchild, Hijastro, hijastra

Stepdaughter, Hijastra

Stepfather, Padrastro

Stepmother, Madrastra

Stepsister, Hermanastra

Stepson, Hijastro

Stereotype, Estereotipo

Sterilization – prevent pregnancy, Esterilación

Stillbirth, Parto de un niño muerto

Stimulants, Estimulantes

Stipulate, Estipular

Stipulation – or provision, Estipulación

Stock dividends, Dividendos de acciones

Stocks, Acciones

Stop payment on a check, Detener el pago de un cheque

Strike – of workers, Declarase en huelga, estar en huelga

Strip search, Registro al desundo

Stroke – cerebral, Derrame cerebral

Subcontract – noun, Subcontrato

S

Subcontract – verb, Subcontratar

Subcontractor, Subcontratista

Sublease – verb, Subarrendar

Submit – present evidence, Presentar pruebas

Subordinate, Subordinado

Subpoena, Citación, citación legal

Subpoena a witness, Citar a un testigo

Subpoena duces tecum, Citación para comparecer y exhibir documentos

Subsequent claim, Reclamación subsiguiente

Subsidiary, Subsidiario

Subsidy, Subsidio

Substance abuse, Abuso de sustancias o drogas

Substance abuse treatment, Tratamiento para el abuso de intoxicantes

Substantial Gainful Activity (SGA), Trabajo sustancial y lucrativo

Subtenant, Subinquilino, subarrendatario

Sue, Demandar, poner pleito

Suffrage – right to vote, Sufragio

Suicide, Suicidio

Suit, Demanda judicial

S

Summary deportation, Deportación sumario

Summons, Citación de una persona, orden de comparecer

Suspect – verb, Sospechar

Suspect – person under suspicion, Sospechoso

Superior court, Tribunal superior

Supervised visitation, Visitas supervisadas

Supervisor, Supervisor

Supplementary income, Ingreso suplementario

Support group, Grupo de apoyo

Support order, Orden de manutención

Supporting documents, Documentos de ayuda

Suppression of evidence, Supresión de prueba

Supreme court, Tribunal supremo

Surcharge, Recargo

Surgeon, Cirujano

Surname, Apellido

Surrender, Ceder

Surveillance, Vigilancia

Surviving spouse, Cónyuge sobreviviente

Survivor, Sobreviviente

S

Suspended imposition of sentence, Imposición de sentencia suspendida

Suspended sentence, Sentencia suspendida

Suspicion, Sospecho

Swear, Jurar

Swindle, Estafa

Swindler, Estafador

Sworn statement, Declaración jurada

Syndicate, Sindicato

T

Tablet – medicine, Pastillas

Take-home pay – net pay, Pago neta, salario neto

Tamper with, Adulterar

Tape recorder, Grabadora

Tax, Impuesto

Tax assessment, Valuación impositiva, determinación de impuestos

Tax collection, Recaudación de impuestos

Tax credit, Crédito impositivo, crédito fiscal

Tax declaration, Declarción de impuestos

Tax deduction, Deducción impositiva, deducción fiscal

Tax evasion, Evasion de impuestos

Tax exemption, Exención impositiva

Tax lien, Gravámen por impuestos no pagados

Tax refund, Reintegro de impuestos

Tax return, Declaración de impuestos

Taxes, Impuestos

T

Taxpayer Identification Number (TIN), Número de identificación del contribuyente

Telemarketers, Telemercadores

Telephone interview, Entrevista telefónica

Temp agency, Agencia de trabajadores temporarios

Temporary, Provisional, temporal

Temporary employment, Empleo temporal

Temporary Protected Status (TPS), Estado de protección temporal

Temporary restraining order, Orden inhibitoria temporal

Temporary visitation, Visitación temporal

Tenant, Inquilino, arrendatorio

Term insurance, Seguro por un término fijo

Terminal condition, Situación incurable, condición médica incurable

Terminally ill, Enfermo terminal, enfermo mortal

Termination notice, Aviso de terminación

Termination of parental rights, Terminación de derechos de padres

Testify, Testificar, atestiguar, dar testimonio, atestar

Testimony, Testimonio

Theft, Hurto, robo

Thereafter, En adelante, después de

T

Thereby, En consecuencia, por medio de, con lo cual

Therein, Adentro, en eso

Thereinafter, Posteriormento, después

Thereof, De eso, de esto

Third parties, Terceros

Third party liability, Responsabilidad de una tercera persona

Threat, Amenaza

Timely, A tiempo, puntual

Title – to property, Título

Tolerance – of human differences, La tolerancia

Toll free, Sin cargo, gratuito

Tort, Agravio

Torture, Torturas

Total income, Ingreso total

Totality of circumstance, Totalidad de las circunstancias

Tow truck, Camión remolcador o camion de remolque, carro grúa

Trade or vocational school, Escuela de obreros, escuela de vocación

Trade union, Sindicato, unión obrera

Traffic accident, Accidente de tránsito

T

Traffic citation, Citación de trafico

Traffic court, Juzgado de tránsito

Trainee, Aprendiz

Training, Entrenamiento, adiestramiento

Transcript, Transcripción

Transitional insured status, Transitoriamente asegurado

Translation, Traducción

Translator, Traductor

Transliteration, Transliteración

Travel expenses, Gastos de viaje

Treason, Traición

Trespassing, Entrar sin autorización en una propiedad, allanamiento

Trial, Juicio, causa, proceso

Trial by jury, Jucio por jurado

Trial work period, Período probatorio de trabajo

Trimester, Trimestre

Truancy, Faltar a clase sin permiso

Trumped up charge, Cargo fraudulentamente concebido

Trust account, Cuenta de fideicomiso

Trust fund, Fideicomiso, fondos fiduciarios

Trustee, Fideicomisario

T

Trustee – in bankruptcy, Síndico concursal

Tuition, Matrícula

Tumors, Tumores

Tyrant, Tírano

U

Unauthorized, Sin autorización

Uncollectable, Incobrable

Uncollectable account, Cuenta incobrable

Unconscionable, Desmedido, falto de escrúpulo

Unconscious, Inconsciente

Unconstitutional, Inconstitucional

Uncontested divorce, Divorcio sin oposición, divorcio de mutuo acuerdo

Undeliverable, Imposible de entregar

Undeniable, Inegable

Under age, Menor de edad

Under color of law, Bajo color de la ley

Under oath, Bajo juramento

Undercover, Secreto

Underpayment, Pago insuficiente

Undersigned, Suscrito

Undocumented alien, Indocumentado

U

Undue hardship, Dificultades innecesarias, dificultades abusivas

Unearned income, Ingreso no derivado del trabajo

Unemployed person, Desempleado

Unemployment, Desempleo

Unemployment compensation, Compensación por desempleo

Unemployment insurance, Seguro por desempleo

Unemployment rate, Tasa de desempleo

Unenforceable, Que no se puede hacer cumplier, inexigible

Unfair, Injusto

Unfair labor practices, Práctica laboral desleal

Unforeseen circumstances, Circunstancias imprevistas, circunstancias inesperadas, imprevistos

Unfounded, Improcedente, sin lugar

Uninsured, No asegurado

Union – labor, Sindicato, unión

University, Universidad

Unjust, Injusto

Unlawful, Ilegal

Unlawful assembly, Reunión ilícito

U

Unlawful detainer, Demanda de desalojo, demanda de desahucio

Unless otherwise agreed, Salvo que se acuerde lo contrario

Unless otherwise stated, Salvo que declarar lo contrario

Unpaid balance, Saldo no pagada

Unreasonable, Irrazonable

Unreported income, Ingresos sin informar

Unsecured loan, Préstamo sin garantía

Unsigned, Sin firma

Unskilled labor, Trabajo elemental

Unwarranted, Sin justificación, injustificado

Update, Actualizar, poner al día

Uphold, Sosetener

Usary, Usura

Utilities, Servicios públicos

Utility turn-off, Interrupción de servicos públicos

V

Vacancy – position, Vacante, plaza

Vacation pay, Pago de vacaciones

Vaccination, Vacuna

Vagrancy, Vagancia, vagabundaje

Valid, Válido

Valid contract, Contrato válido

Validity, Validez

Value, Valor

Vandalism, Vandalismo

Vehicle inspection, Inspección vehicular

Venue, Jurisdicción, competencia

Verbatim, Al pie de la letra, palabra por palabra

Verdict, Fallo, veredicto

Verification, Verificación

Veteran – military, Veterano, veterano de guerra

Vice president – of a country, Vicepresidente

Vice president – of a company, Vicepresidente de una compañía o empresa

V

Victim, Víctima

Victim impact statement, Una declaración sobre las repercusiones a la víctima

Vindicate, Vindicar

Violation, Violación

Violence, Violencia

Visa, Visa

Visitation rights, Derechos de visitación

Vital statistics, Estadísticas vitales

Vocational rehabilitation, Rehabilitación vocacional

Vocational training, Entrenimiento vocacional

Void, Nulo, inválido

Voidable contract, Contrato anuable

Voluntary, Voluntario

Voluntary departure, Salida o dimisión voluntaria

Voluntary manslaughter, Homicidio impremeditado cometido voluntariamente

Volunteer, Voluntario

Vote, Voto, votación

Voter registration, Registro de elector

Vouch for, Hablar en favor de alguien

W

Wage, Salario

Wage cut, Reducción de salario, recorte de salario

Wage earner, Trabajador asalariado

Wage increase, Alza salarial

Wage statement, Informe de sueldo

Wages, Salario, sueldo, pago, jornal

Waiver, Renuncia

Waiver of rights, Renuncia de derechos

Walkout, Huelga laboral

Want ad, Aviso clasificado de trabajo

Warden, Guardián

Warning, Aviso, advertencia

Warrant, Mandamiento, autorización judicial

Warrant in debt, Auto de dueda, citación de deuda

Warrant of arrest, Orden de arresto

Warranty, Garantía

Weapon, Arma

W

Wear and tear, Desgaste natural

Weight of the evidence, Preponderancia de la prueba

Welfare, Asistencia pública

Welfare reform, Reformas al sistema de bienestar público

Wheelchair, Silla de ruedas, sillón de ruedas

Whereabouts unknown, Paradero desconocido

Whereas, Por cuanto, en tanto que

Whereupon, Después de lo cual, sobre que

Wholesale, Venta al por mayor, mayoreo

Whom it may concern, A quien corresponda, a quien concierna

Widow, Viuda

Widow's pension, Pension para una viuda

Widower, Viudo

Widower's pension, Pension para un viudo

Wife, Esposa, mujer

Will, Testamento

Willful, Intencional, premeditado

With prejudice, Sin la oportunidad de iniciar una nueva acción

Withdrawal money, Retiro de fondos

Withhold, Retener cierta cantidad, descontar

W

Without fault, Sin culpa

Without notice, Sin notificación

Without prejudice, Sin perjuicio, sin menoscabo

Witness – noun, El testigo

Witness stand, Sitio de declaración de testigos

Witness subpoena, Orden para que un testigo comparezca

Witness tampering, Manipulación de un testigo

Work – noun, Trabajo

Work activity, Actividad de trabajo

Work authorization or permit, Autorización de trabajo

Work history, Historia de trabajo, antecedentes laborales

Work on a commission basis, Trabajar bajo una comisión

Work permit, Permiso de trabajo

Work related accident, Accidente de trabajo

Work requirement, Requisito de empleo

Worker, Trabajador

Working hours, Horas laborables

Workmen's compensation, Seguro de accidents y enfermedades de trabajo

Workmen's compensation offset, Descuento por compensación de trabajadores

W

Workplace, Lugar de trabajo

Writ, Orden judicial

Writ of habeas corpus, El auto de habeas corpus

Writ of possession, Mandato de posesión

Write off, Eliminar, amortizar completamente

Written agreement, Convenio escrito

Written consent, Consento escrito

Written evidence, Constancia por escrito, evidencia por escrito

Wrongful discharge from job, Despido injusto, despido injustificado

X

Xenophobia, Xenofobia

X-rays, Rayos X

Y

Your honor – to address a judge, Su Señoría

Your request, Su pedido

Z

Zip code, Zona postal, código postal

www.ingramcontent.com/pod-product-compliance
Lightning Source LLC
LaVergne TN
LVHW051838080426
835512LV00018B/2949